VOVÔ
ME CONTA
SUA
HISTÓRIA

Publicado por Midsummer Bloom Books
1621 Central Ave, Cheyenne, WY 82001, Estados Unidos

Primeira Edição: Junho de 2025
Impresso nos Estados Unidos da América

Índice

Sua História Começa Aqui

Lembra daqueles momentos especiais, Vovô? Às vezes aconteciam na sua cadeira favorita, ou enquanto você caminhava pelo jardim, ou talvez durante os jantares em família, quando algo despertava uma memória de muito tempo atrás. Podia ser uma foto em preto e branco, uma música antiga no rádio ou até o cheiro de pão recém-assado que te levava de volta no tempo. Sempre que essas memórias surgiam, a gente se aproximava, ansioso para ouvir mais.

É sobre isso que este livro trata. Porque, além de ser nosso querido Vovô – aquele que nos mima com guloseimas e sabedoria em igual medida – existe toda uma vida de aventuras que só conhecemos aos poucos. Não apenas os capítulos sobre ser nosso avô, mas as histórias reais – sobre crescer em uma época diferente, sobre como era o mundo, sobre sonhos realizados e outros que ficaram para trás.

Cada página aqui é apenas o começo. Um convite gentil para revisitar o menino que brincava de bolinha de gude na rua, o jovem que viveu momentos históricos, o pai que criou sua própria família em um mundo tão diferente do de hoje. Essas não são apenas suas memórias – são nossa herança, nossas raízes, nosso tesouro.

Tire seu tempo com estas páginas. Talvez as histórias surjam durante o café da manhã, ou enquanto você assiste ao pôr do sol na varanda, ou naquelas tardes tranquilas em que as memórias costumam chegar. Não há pressa – sua sabedoria já aprendeu o valor de aproveitar as coisas devagar.

Aqui está a questão, Vovô – quando você compartilha suas histórias, sejam elas de triunfos ou lições aprendidas da maneira difícil, está nos passando algo mais valioso do que qualquer herança. Suas experiências conectam gerações, nos ligando a tempos e lugares que só podemos imaginar através dos seus olhos.

Então se acomode no seu lugar favorito. Talvez com aquele doce que você sempre guarda por perto, ou aquela bebida quentinha que ajuda as histórias a fluírem. Deixe suas memórias viajarem pelas décadas que você viveu e pelas experiências que teve.

Suas histórias importam, Vovô. Elas não são apenas memórias – são os fios que tecem a tapeçaria da nossa família. E estamos aqui, prontos para ouvir e para levar suas histórias adiante.

Como Usar Este Livro

Esta é a sua história – não há uma linha do tempo para seguir, nem regras para obedecer. Escolha qualquer pergunta que desperte uma memória e comece a escrever. Pule partes, volte mais tarde ou dedique mais tempo aos momentos que mais importam para você.

Lembre-se, essas perguntas são apenas portas para suas memórias. Suas respostas podem te levar por caminhos inesperados, e isso está tudo bem. Este livro não é sobre escrever perfeitamente – é sobre capturar sua jornada única com sua própria voz.

O tempo pintou prata no seu cabelo,

Anos de histórias reunidos com zelo.

De menino descalço a homem de orgulho,

Por mudanças profundas e mares de barulho,

Sua vida é um livro de lições vividas,

De pontes erguidas e sabedorias adquiridas.

Conte para nós, Vovô, dos dias que passaram,

Dos sonhos que te ajudaram a tocar o céu que
almejaram.

1

Dias Descalços

Toda vida começa com encanto. Conte para nós sobre suas primeiras aventuras – uma infância cheia da magia da juventude, descobertas e pertencimento.

Nossa Casa de Família

Lembre-se da casa onde você cresceu – um lugar cheio de memórias. Cada canto daquele lugar guarda histórias que ajudaram a moldar quem você se tornou. O que havia de especial no lugar que você chamava de lar?

1.Como era sua casa de infância e qual era o cômodo de que você mais gostava?

2.Quais sons e cheiros você mais se lembra da sua casa?

3.Como era o bairro ao redor da sua casa?

Amigos de Infância

Antes da tecnologia preencher o tempo livre, as crianças criavam a própria diversão. Pense nos amigos que compartilharam suas primeiras aventuras e as alegrias simples de brincar juntos. Quem foram os companheiros importantes da sua infância?

1.Quem foi seu melhor amigo enquanto crescia, e o que o tornava especial?

2.Quais brincadeiras você jogava com as crianças da vizinhança?

3.Qual era seu lugar favorito para passar o tempo com os amigos, e por quê?

Dias de Escola

A sala de aula foi onde você passou grande parte da sua juventude. Algumas lições vieram dos livros, enquanto outras aconteceram nos corredores e pátios. Como você se lembra da sua educação nos primeiros anos?

1.Como era sua escola primária, e como você chegava lá todos os dias?

2.Quem foi seu professor favorito, e o que o tornava especial?

3.O que você geralmente levava de lanche, e quem eram seus amigos na hora do recreio?

Ajudando em Casa

Quando criança, você aprendeu sobre responsabilidade ajudando em casa. Essas pequenas tarefas te ensinaram habilidades valiosas e mostraram como até mãos pequenas podiam contribuir para a vida familiar. Qual foi o seu papel em manter a casa funcionando?

1.Quais tarefas regulares eram sua responsabilidade quando criança?

2.Qual tarefa você mais detestava e qual você gostava de fazer?

3.O que acontecia quando você esquecia de fazer suas tarefas?

Refeições em Família

Reunir-se à mesa era mais do que apenas comer. Esses momentos diários aproximavam a família para compartilhar histórias e se conectar uns com os outros. Como eram as refeições na sua casa?

1.A que horas sua família geralmente jantava, e quem preparava a refeição?

2.Qual era sua refeição favorita que sua mãe ou pai cozinhava?

3.Quais tópicos ou histórias sua família costumava conversar durante o jantar?

Celebrações Especiais

Feriados e comemorações criavam momentos memoráveis ao longo do ano da sua infância. Essas ocasiões especiais ajudaram a criar tradições familiares e memórias duradouras. Como sua família marcava os dias importantes?

1.Como sua família comemorava seu aniversário quando você era criança?

2.Como era a manhã de Natal (ou outro feriado importante) na sua casa?

3.Qual celebração da infância mais se destaca na sua memória, e por quê?

Travessuras de Infância

Nem todas as experiências da infância foram tranquilas. Às vezes, as melhores lições vieram de erros, aventuras malucas ou de testar os limites. Quais contratempos memoráveis te ensinaram lições importantes de vida?

1.Qual foi a coisa mais travessa que você fez quando criança?

2.Você já quebrou ou estragou algo importante? O que aconteceu depois?

3.Como seus pais costumavam te disciplinar quando você se comportava mal?

Amigos de Pêlo

Os animais na sua infância ofereceram companhia e te ensinaram sobre responsabilidade. Esses relacionamentos especiais criaram laços e memórias que muitas vezes duram a vida toda. Quais animais fizeram parte dos seus primeiros anos?

1.Qual foi seu primeiro animal de estimação, e como ele se tornou parte da sua família?

2.Quais responsabilidades você tinha ao cuidar do seu bichinho?

3.Como você passava o tempo com seu animal de estimação?

Liberdade do Verão

Pense naqueles dias despreocupados de verão da sua infância. Quando as aulas acabavam, como você preenchia aqueles longos dias ensolarados? Compartilhe os lugares especiais, atividades e guloseimas que tornaram o verão mágico para você.

1.Como você passava a maior parte dos dias de verão durante a infância?

2.Sua família fazia viagens nas férias? Para onde vocês iam?

3.Quais comidas e guloseimas de verão você mais se lembra de aproveitar?

Crescendo com Irmãos

Irmãos podem ser seus maiores rivais e seus defensores mais leais. Como foi compartilhar sua infância com eles? Reflita sobre o vínculo especial que vocês formaram através de brincadeiras, discussões e união quando era necessário.

1.Quais brincadeiras você fazia com seus irmãos que seus pais nunca descobriram?

2.Como você e seus irmãos dividiam os espaços da casa?

3.Qual foi a maior discussão que você se lembra de ter com um irmão e como vocês fizeram as pazes?

Sabedoria dos Mais Velhos

Seus avós te conectaram à história e às tradições da família. Quais memórias especiais você tem do tempo passado com eles? Considere as habilidades, histórias e sabedoria que eles compartilharam e que ainda te influenciam hoje.

1.Quais habilidades ou hobbies seus avós te ensinaram?

2.Quais histórias eles contavam sobre as infâncias deles?

3.Existe algum ditado ou conselho dos seus avós que ficou com você?

2

Crescendo Forte

Entre a infância e a vida adulta há um período de trans-formação. Queremos ouvir as histórias de como você se descobriu, testou limites e se tornou o homem que viria a ser.

Tornando-se Adolescente

A adolescência traz mudanças empolgantes e novos desafios. Como você viveu esse período entre a infância e a idade adulta? Reflita sobre como começou a desenvolver sua própria identidade durante esses anos de transformação.

1.Como seu relacionamento com seus pais mudou durante esses anos?

2.Quais novas responsabilidades vieram ao se tornar adolescente?

3.Quem mais te inspirou ou influenciou durante a adolescência?

Ensino Médio

O ensino médio forma um capítulo importante na vida de muitas pessoas. O que mais se destaca sobre seus anos escolares? Pense nas aulas, professores e experiências sociais que moldaram seu mundo adolescente.

1.Como era sua escola no ensino médio e quais matérias mais te cativaram?

2.Quem foi seu professor favorito e o que tornava a aula dele especial?

3.Como era sua vida social no ensino médio?

Testando Limites

A maioria dos adolescentes testa naturalmente as regras e expectativas. De que formas você desafiou limites ou afirmou sua independência? Compartilhe como essas experiências te ensinaram sobre consequências e ajudaram a definir seus valores.

1.Você já saiu escondido à noite? Para onde foi?

2.Qual aventura desobediente te colocou em mais encrenca?

3.Como seus pais reagiram quando você ultrapassava os limites?

No Campo de Jogo

Atividades físicas e hobbies costumam se tornar importantes durante a adolescência. Quais atividades capturaram seu interesse e energia? Pense em como essas práticas te ajudaram a desenvolver habilidades e confiança.

1.Quais esportes ou atividades você mais amava durante a adolescência?

2.Que habilidades esses hobbies te ensinaram além da atividade em si?

3.Você ganhou alguma competição ou prêmio? Como foi essa experiência?

Decisões Importantes

A adolescência envolve escolhas que podem influenciar seu futuro. Quais decisões significativas você enfrentou nessa época? Reflita sobre como você lidou com esses momentos decisivos e o que aprendeu com suas escolhas.

1.Qual foi a primeira grande decisão que você tomou sozinho como adolescente?

2.Como você escolheu o que fazer depois do ensino médio?

3.Qual foi a grande compra pela qual você economizou? Como ganhou o dinheiro?

Mentores Significativos

Adultos fora da família muitas vezes oferecem orientações únicas durante a adolescência. Quem ajudou a moldar seu caminho nesse período formativo? Pense nas pessoas especiais que enxergaram seu potencial e ajudaram você a desenvolver habilidades ou perspectivas importantes.

1.Quem foi o mentor mais influente da sua adolescência?

2.Que lições ou habilidades específicas essa pessoa te ensinou?

3.Como você conheceu esse mentor e por que se conectaram?

Primeiros Romances

Os primeiros relacionamentos trazem emoções novas e importantes lições de vida. O que você se lembra sobre suas primeiras experiências com o romance? Reflita sobre essas primeiras conexões que te ensinaram a cuidar de outra pessoa.

1.Quem foi sua primeira paixão ou namorada séria? Como vocês se conheceram?

2.O que você fez no seu primeiro encontro de verdade?

3.Como você lidou com sua primeira decepção amorosa?

Laços de Amizade

Os amigos que escolhemos na adolescência muitas vezes se tornam testemunhas do nosso crescimento e mudança. Quem esteve ao seu lado nesses anos formativos? Pense em como essas amizades influenciaram quem você se tornou e as memórias que criaram juntos.

1.Quem foram seus amigos mais próximos durante a adolescência?

2.Quais aventuras ou travessuras vocês viveram juntos?

3.Você ainda mantém contato com algum amigo da adolescência?

Crescendo em Independência

Ganhar mobilidade e liberdade marca um marco importante na vida adolescente. Como foi sua experiência com os primeiros gostos de independência? Compartilhe a emoção e a responsabilidade que vieram com a possibilidade de explorar por conta própria.

1.Quando e como você aprendeu a dirigir?

2.Para onde você foi na sua primeira aventura sozinho, longe de casa?

3.Qual foi seu primeiro carro e como você conseguiu comprá-lo?

Aprendendo com os Erros

Adolescentes frequentemente aprendem lições valiosas com erros e decisões ruins. Quais experiências desafiadoras te ensinaram importantes lições de vida? Pense em como esses momentos moldaram sua compreensão sobre consequências e responsabilidade.

1.Qual foi a maior encrenca que você se meteu como adolescente?

2.Como seus pais ou outros adultos reagiram aos seus erros?

3.Que lições práticas você aprendeu com seus maiores deslizes na adolescência?

Sonhos de Adolescente

Mentes jovens muitas vezes queimam com ambição e visão para o futuro. Quais esperanças e sonhos te motivaram durante a adolescência? Reflita sobre as aspirações que guiaram suas escolhas e ajudaram a formar seu propósito.

1.Quais eram seus maiores sonhos e ambições como adolescente?

2.Quem ou o que inspirava essas aspirações?

3.Que passos concretos você deu para alcançar esses sonhos?

3

Encontrando o Caminho

Antes de formar uma família e estabelecer sua vida, você passou por uma jornada de autodescoberta. Conte como determinação, trabalho duro e os primeiros desafios da vida ajudaram a moldar quem você é.

Deixando o Ninho

Começar sua vida sozinho é ao mesmo tempo emocionante e desafiador. Como foi quando você conquistou sua independência e saiu da casa da família? Pense nos primeiros dias aprendendo a viver a vida adulta do seu jeito.

1.Qual foi sua primeira experiência estando realmente por conta própria?

2.Qual foi a maior surpresa de viver sozinho pela primeira vez?

3.Quais habilidades práticas você gostaria de ter aprendido antes de sair de casa?

Primeiro Emprego de Verdade

Ganhar o próprio sustento marca um marco importante na vida adulta. O que você se lembra sobre entrar no mercado de trabalho? Reflita sobre como o primeiro salário e a experiência profissional moldaram sua compreensão sobre trabalho e responsabilidade.

1.Qual foi seu primeiro emprego de verdade e como você conseguiu ser contratado?

2.Quanto foi seu primeiro salário e o que você fez com o dinheiro?

3.Como era um dia típico no seu primeiro emprego?

Superando Obstáculos

Nem tudo segue conforme o planejado quando começamos a vida adulta. Quais desafios significativos você enfrentou nos primeiros anos por conta própria? Pense em como lidou com as decepções e o que essas experiências ensinaram sobre resiliência.

1.Qual foi sua maior dificuldade ou fracasso no início da vida adulta?

2.Quais passos específicos você deu para superar esse obstáculo?

3.Que habilidades ou lições você aprendeu ao superar esse desafio?

Desenvolvendo Suas Habilidades

A vida adulta exige desenvolver habilidades que nos servem ao longo da vida. Que capacidades importantes você adquiriu nessa época? Pense tanto em habilidades práticas quanto em conhecimentos que te ajudaram a navegar pela independência.

1.Qual habilidade importante demorou mais para você dominar?

2.Como você aprendeu coisas que ninguém te ensinou?

3.Que educação formal ou treinamento você buscou depois do ensino médio?

Encontrando Seu Caminho

Descobrir um trabalho significativo muitas vezes envolve exploração e experimentação. Como você encontrou direção na sua vida profissional? Reflita sobre a jornada que te levou a um trabalho que combinava com seus talentos e interesses.

1.Como você descobriu o que queria fazer profissionalmente?

2.Quais diferentes carreiras ou caminhos você considerou antes de encontrar seu foco?

3.Qual foi o primeiro projeto ou conquista que te deu uma profunda sensação de satisfação?

Apoios Importantes

O sucesso raramente acontece sem a ajuda de outras pessoas ao longo do caminho. Quem teve papéis importantes no seu desenvolvimento profissional inicial? Pense nas pessoas que ofereceram orientação, oportunidades ou incentivo enquanto você se estabelecia.

1. Quem foi seu mentor profissional mais importante e como vocês se conheceram?

2. Qual conselho ou técnica de um mentor teve o maior impacto na forma como você encarava o trabalho?

3. O que você fez para agradecer aqueles que te ajudaram ao longo do caminho?

Encruzilhadas

*A juventude muitas vezes apresenta escolhas com consequências du-
radouras. Quais decisões importantes moldaram o rumo da sua vida
nesse período? Reflita sobre como você enfrentou essas encruzilhadas
e o impacto que elas tiveram no seu futuro.*

1.Qual foi a decisão mais importante que você tomou no início dos
seus vinte anos?

2.Como você avaliou suas opções ao enfrentar essa grande decisão?

3.O que mudou na sua vida logo depois de tomar essa decisão?

4

Corações Entrelaçados

Algumas histórias mudam tudo. Conte para nós sobre como conheceu a Vovó – como o amor de vocês começou, como cresceu para se tornar uma parceria e como criou a família da qual fazemos parte hoje.

Primeiro Encontro

*O início de um relacionamento significativo muitas vezes se tor-
na uma memória preciosa. O que você se lembra sobre conhecer a
Vovó pela primeira vez? Pense naquele primeiro encontro e nas suas
primeiras impressões.*

1.Onde exatamente você estava quando conheceu a Vovó pela
primeira vez?

2.O que ela estava vestindo ou fazendo quando você a notou pela
primeira vez?

3.Quem falou primeiro, e quais foram as primeiras palavras trocadas?

Descobrindo o Mundo Dela

Relacionamentos no início envolvem descobrir quem a outra pessoa realmente é além das primeiras impressões. Pense em como vocês aprenderam um sobre o outro – personalidades, interesses e origens.

1.Quais atividades ou interesses você e a Vovó descobriram que tinham em comum?

2.Onde vocês geralmente se encontravam para conversar nesses primeiros dias?

3.O que mais te surpreendeu sobre ela conforme vocês se conheceram melhor?

Primeiro Encontro Oficial

Um primeiro encontro costuma marcar o início oficial de um rela-cionamento romântico. O que se destaca sobre o primeiro encontro de verdade com a Vovó? Reflita sobre as conversas e sentimentos que acompanharam essa ocasião especial.

1.Onde você levou a Vovó no primeiro encontro de verdade?

2.Você se lembra sobre o que conversaram durante o primeiro en-contro?

3.Houve algo inesperado ou especialmente memorável naquela noite?

O Momento Perfeito

Conte para nós sobre aquele momento que mudou sua vida, quando você soube que era hora de pedir a Vovó em casamento. Quais emoções e pensamentos passavam pela sua cabeça enquanto você se preparava para fazer a grande pergunta?

1.Há quanto tempo vocês estavam namorando quando decidiu pedi-la em casamento?

2.Como você planejou o pedido e onde ele aconteceu?

3.Quais palavras exatas você usou ao pedir para ela se casar com você?

Contagem Regressiva para Sempre

Compartilhe a empolgação e a expectativa de planejar o dia do casamento. Quais momentos se destacam enquanto você e sua futura esposa criavam a celebração que marcaria o começo da vida juntos?

1.Quanto tempo durou o noivado e quem ajudou a planejar o casamento?

2.Qual foi o maior desafio ao se preparar para o grande dia?

3.Quais decisões vocês tomaram juntos sobre a cerimônia e a celebração?

O Dia do Casamento

Volte ao lindo dia em que você e a Vovó disseram "sim". Quais memórias vêm à tona quando você pensa nos momentos antes, durante e depois da cerimônia?

1.Em qual data vocês se casaram, e onde foi realizada a cerimônia?

2.Quais detalhes da cerimônia você se lembra com mais clareza?

3.Onde foi a lua de mel e o que vocês fizeram para comemorar?

Primeiro Lar Doce Lar

Conte para nós sobre a criação do primeiro lar de vocês juntos. Como foi montar o espaço de vocês e construir uma vida só para dois?

1.Onde ficava o primeiro lar de vocês juntos e como vocês o encontraram?

2.Como vocês mobiliaram e decoraram o primeiro lugar?

3.Você tinha um cantinho ou cômodo favorito no primeiro lar?

Encontrando o Ritmo

Compartilhe como você e a Vovó se adaptaram à vida de casados. Quais foram alguns momentos memoráveis ao aprenderem a trabalhar como uma equipe e construírem suas rotinas diárias como recém-casados?

1.Quais tarefas domésticas ficaram sob a responsabilidade de cada um de vocês?

2.Quais hábitos ou tradições vocês estabeleceram como recém-casados?

3.O que você descobriu sobre a Vovó que te surpreendeu após o casamento?

Crescendo Mais Fortes Juntos

Lembre-se do primeiro grande desafio que vocês enfrentaram como um casal. Como superar isso ajudou a moldar o relacionamento de vocês?

1.Qual foi o primeiro grande desafio que vocês enfrentaram como casal?

2.Quais passos práticos vocês deram para superar esse obstáculo?

3.Como vocês se apoiaram durante esse momento difícil?

5

A Jornada de Ser Pai

Nada transforma uma vida como se tornar pai. Como foi segurar seu primeiro filho? Compartilhe as surpresas, os sacrifícios e as alegrias de ver seus filhos crescerem.

Conhecendo Seu Primeiro Filho

Nos transporte para o momento em que você se tornou pai pela primeira vez. Quais sentimentos tomaram conta de você quando segurou seu bebê nos braços pela primeira vez?

1.Em que data e horário seu primeiro filho nasceu?

2.O que estava acontecendo nas horas antes do nascimento?

3.Você se lembra da primeira coisa que disse quando viu seu bebê?

Aqueles Primeiros Dias

Compartilhe suas memórias das preciosas primeiras semanas como pai. O que se destaca nos momentos tranquilos e nas aventuras diárias de aprender a cuidar do seu pequeno?

1.Qual tarefa de cuidado com o bebê você achou mais desafiadora no início?

2.Quais truques você descobriu para acalmar um bebê chorando?

3.Qual item ou ferramenta para bebês foi mais útil nesses primeiros dias?

Aprendendo com Seus Filhos

As crianças frequentemente ensinam tanto aos adultos quanto aprendem deles. Quais lições inesperadas você aprendeu com seus filhos? Pense em como eles te ajudaram a ver o mundo com novos olhos e ganhar novas perspectivas.

1.Qual dos seus filhos te ensinou mais sobre paciência, e como isso aconteceu?

2.Qual foi a coisa mais surpreendente que um dos seus filhos te ensinou?

3.Como seus filhos te ajudaram a enxergar o mundo de forma diferente?

Brincando com Seus Filhos

Diversão e brincadeiras criam laços especiais entre pais e filhos. Quais atividades traziam mais alegria para você e seus filhos? Reflita sobre os momentos de brincadeira que fortaleceram sua conexão com eles.

1.Quais jogos ou atividades você costumava fazer regularmente com seus filhos?

2.Qual passeio especial ou tradição você criou com seus filhos?

3.Havia uma história que seus filhos amavam ouvir repetidamente?

Vendo-os Crescer

Os marcos na vida dos filhos também marcam capítulos importantes na vida de um pai. Quais momentos do desenvolvimento dos seus filhos mais se destacam na sua memória? Pense nas conquistas, celebrações e transições que te encheram de orgulho como pai.

1.Qual conquista dos seus filhos te deixou mais orgulhoso?

2.Como você comemorava os marcos importantes na vida dos seus filhos?

3.Qual evento ou apresentação da escola mais se destaca na sua memória?

6

O Valor do Trabalho

O trabalho é mais do que o que fazemos – é parte de quem somos. Conte para nós sobre os empregos que você teve, as lições que aprendeu e como seu esforço construiu uma vida cheia de propósito.

Primeiros Dias no Trabalho

*Começar em uma nova posição muitas vezes cria memórias dura-
douras. Como foi quando você começou seu primeiro emprego importante? Pense naqueles dias iniciais e na mistura de empolgação e
incerteza que vieram com eles.*

1.Qual foi seu primeiro emprego significativo e como você conseguiu
ser contratado?

2.Você se lembra do que vestiu no seu primeiro dia?

3.Quais tarefas foram atribuídas a você durante a primeira semana?

Aprendendo o Ofício

Dominar habilidades no trabalho leva tempo e muitas vezes envolve aprender com os erros. Como você desenvolveu sua competência nos primeiros anos de trabalho? Reflita sobre as lições importantes e as pessoas que ajudaram a moldar suas habilidades profissionais.

1.Qual foi a primeira habilidade importante que você precisou dominar no trabalho?

2.Qual erro te ensinou uma lição valiosa sobre sua profissão?

3.Houve ferramentas ou equipamentos que você precisou aprender a usar no trabalho?

Encontrando Sua Vocação

Muitas pessoas experimentam caminhos diferentes antes de encontrar um trabalho que realmente combina com elas. Como você encontrou um trabalho significativo em sua vida? Pense na jornada que te levou a uma carreira que combinava com suas habilidades e interesses.

1.Quantos empregos ou carreiras diferentes você experimentou antes de encontrar seu caminho?

2.Quais talentos ou habilidades você descobriu que tinha através do trabalho?

3.Quando você percebeu que havia encontrado a carreira ou o emprego certo?

Vida de Trabalho Diária

Os dias de trabalho regulares formam a base de uma carreira. Como era seu dia típico de trabalho durante seus principais anos de atuação? Pense nas rotinas, desafios e satisfações que caracterizavam sua experiência diária no trabalho.

1.Como era sua rotina típica de trabalho durante seus anos mais produtivos?

2.Como era seu trajeto para o trabalho e como você chegava lá?

3.Como era seu espaço de trabalho e como você o organizava?

Mentores Profissionais

A orientação de colegas experientes pode fazer uma enorme diferença em uma carreira. Quem ajudou a moldar seu desenvolvimento profissional? Reflita sobre as pessoas que influenciaram sua ética de trabalho, habilidades e abordagem em sua carreira.

1.Quem foi seu mentor profissional mais importante e como ele te guiou?

2.Qual técnica ou abordagem específica alguém te ensinou e que você valoriza até hoje?

3.Qual foi o melhor conselho que um supervisor ou colega já te deu sobre o trabalho?

Momentos de Realização

Todos têm momentos profissionais dos quais se orgulham particularmente. Quais conquistas na sua vida profissional te deram mais satisfação? Pense nos projetos, reconhecimentos ou marcos que representaram seu melhor trabalho.

1.Qual você considera sua maior conquista na vida profissional?

2.De qual projeto ou criação você mais se orgulha de ter concluído?

3.Como você comemorou suas conquistas profissionais mais significativas?

Desafios Profissionais

A vida profissional inevitavelmente inclui contratempos e obstáculos a superar. Quais decepções ou fracassos significativos você enfrentou na sua carreira? Reflita sobre como lidou com essas dificuldades e o que elas te ensinaram sobre resiliência.

1.Qual foi seu maior fracasso ou revés profissional?

2.Como você lidou com uma situação em que cometeu um erro significativo no trabalho?

3.Houve um momento em que você precisou recomeçar ou se reconstruir após um contratempo no trabalho?

7

O Ponto de Apoio da Família

Toda família precisa de um centro estável. Conte para nós como você se tornou o coração da nossa – aquele a quem todos recorrem por força, sabedoria e amor.

Tradições Familiares

Costumes e celebrações regulares ajudam a criar identidade e conexão familiar. Quais tradições especiais uniram sua família ao longo dos anos? Pense nos rituais significativos que criaram um senso de pertencimento e continuidade.

1.Qual tradição familiar você mais esperava a cada ano?

2.O que você fazia para manter vivas as tradições culturais ou familiares importantes?

3.Qual ritual de feriado ou celebração você mais gostaria que as futuras gerações continuassem?

Estando Lá para os Outros

*Às vezes, os membros da família só precisam de alguém que real-
mente ouça suas preocupações. Como você apoiou os familiares em
tempos difíceis? Pense nas maneiras como você se fez presente quando alguém querido precisou de orientação ou de um ouvido atento.*

1.Como você se tornava acessível quando os familiares precisavam de
orientação?

2.Que abordagem você usava quando alguém vinha até você com um
problema?

3.Havia algum membro da família que te procurava com mais frequência para pedir conselhos? Sobre o que eles geralmente pergunta-
vam?

Resolvendo Problemas de Família

Toda família enfrenta desafios que exigem soluções criativas. Que papel você desempenhou na resolução de dificuldades familiares? Reflita sobre situações em que sua intervenção ou abordagem ajudou a lidar com questões complicadas.

1.Qual foi a maior crise familiar que você ajudou a resolver?

2.Como você lidava com conflitos entre os membros da família?

3.Você consegue se lembrar de uma vez em que precisou resolver um problema familiar de forma muito criativa?

Reuniões de Família

Reunir-se para celebrações cria memórias importantes e fortalece os laços. O que tornava as reuniões familiares especiais na sua casa? Pense nas ocasiões memoráveis em que a família toda se reunia e o que fazia esses momentos significativos.

1.Qual reunião de família você lembra com mais carinho, e por quê?

2.Como você se preparava para grandes celebrações familiares?

3.Havia jogos ou atividades que sempre reuniam a família durante as festas?

Protetor da Família

Cuidar dos entes queridos às vezes significa protegê-los de perigos ou dificuldades. Como você desempenhou o papel de protetor na sua família? Pense nas diferentes formas como você manteve sua família segura, protegida e amparada.

1.Quando foi necessário proteger fisicamente um membro da família do perigo?

2.Como você garantiu a segurança financeira da sua família em tempos difíceis?

3.Que medidas você tomou para assegurar que seu lar e sua família permanecessem seguros?

Apoiando Conquistas

Estar presente para celebrar os sucessos da família cria laços dura-douros. Como você esteve presente nos momentos importantes de sua família? Reflita sobre as maneiras como celebrou e incentivou as conquistas dos seus entes queridos.

1.Como você comemorava as conquistas dos membros da família?

2.Qual conquista da família te deixou mais orgulhoso como líder familiar?

3.Como você incentivava os familiares que estavam enfrentando dificuldades para alcançar seus objetivos?

Pegadas no Tempo

O legado de uma vida bem vivida muitas vezes aparece nos valores transmitidos às gerações futuras. Que impacto duradouro você espera deixar na sua família?

1.Qual valor ou princípio familiar você mais espera que continue por gerações?

2.Como você preparou a próxima geração para assumir papéis de liderança na família?

3.Quais itens ou lembranças tangíveis você preservou para passar adiante na família?

8

Amor Multiplicado

Dizem que se tornar avô é uma segunda chance de viver o amor perfeito. Compartilhe a alegria de ver seus filhos criarem os próprios filhos e o vínculo especial que você tem com a gente.

Primeiro Encontro

O momento em que você conhece seu primeiro neto cria uma memória especial. Como foi quando você segurou seu neto pela primeira vez? Relembre esses primeiros momentos e as emoções que vieram com essa nova relação.

1.Onde você estava quando segurou seu primeiro neto, e quem te entregou o bebê?

2.Como era seu primeiro neto, e com quem ele parecia?

3.O que você disse ou fez quando segurou seu neto pela primeira vez?

Um Tipo Diferente de Amor

Ser avô oferece uma relação única com as crianças, diferente de ser pai. Como tem sido ser avô em comparação a ser pai? Pense nas alegrias e liberdades especiais que vêm com esse papel.

1.Quais atividades você gosta de fazer com seus netos que raramente fazia com seus próprios filhos?

2.Como sua maneira de passar tempo com as crianças mudou como avô?

3.Quais liberdades você tem como avô que não tinha como pai?

Compartilhando Histórias da Família

Os avós frequentemente se tornam guardiões e contadores da história da família. Quais histórias você compartilha com seus netos? Pense nos relatos da sua vida ou da história da família que você transmitiu para a geração mais jovem.

1.Qual história seus netos pedem para você contar com mais frequência?

2.Qual história da família ou experiência pessoal você faz questão de contar a todos os netos?

3.Qual lição importante você tentou ensinar através das suas histórias?

Vendo-os Crescer

Os avós têm o privilégio de observar o crescimento das crianças de um ponto de vista especial. Como tem sido ver seus netos crescerem e mudarem? Reflita sobre os marcos e desenvolvimentos que você testemunhou na vida deles.

1.Qual marco ou conquista de um neto te deixou particularmente orgulhoso?

2.Como você documenta ou registra o crescimento e as realizações dos seus netos?

3.Qual talento ou habilidade inesperada você notou em um dos seus netos?

Transmitindo Tradições

Os costumes da família ajudam a conectar gerações e criar memórias duradouras. Quais tradições significativas você compartilhou com seus netos? Pense em como você ajudou a manter práticas importantes da família e talvez até criou novas.

1.Qual tradição familiar você ficou mais animado para compartilhar com seus netos?

2.Qual nova tradição você criou especificamente com seus netos?

3.Como você compartilha o significado e a história das tradições familiares com seus netos?

Passeios Especiais

Compartilhar experiências cria laços únicos entre avós e netos. Quais aventuras ou atividades você curtiu com seus netos? Pense nos passeios especiais, habilidades ou tradições que se tornaram "a sua coisa" com a geração mais jovem.

1.Qual atividade ou passeio regular se tornou "a sua coisa" com seus netos?

2.Qual habilidade ou hobby você ensinou aos seus netos durante o tempo juntos?

3.Qual foi a viagem ou atividade mais ambiciosa que você fez com seus netos?

Momentos Preciosos

Pequenas interações com os netos frequentemente se tornam memóri-as valiosas. Quais momentos simples com seus netos tocaram seu coração? Reflita sobre as experiências emocionantes que capturam o relacionamento especial que vocês compartilham.

1.Qual foi a coisa mais engraçada ou divertida que um neto disse ou fez?

2.Qual gesto ou presente de um neto significou mais para você?

3.Existe uma fotografia ou memória de um neto que você mais valor-iza?

9

As Paixões de um Homem

A vida é mais do que trabalho e responsabilidades. Conte para nós sobre os hobbies, aventuras e pequenas alegrias que tornaram sua vida mais rica e significativa.

Filmes Favoritos

Os filmes podem se tornar pontos de conexão significativos ao longo da nossa vida. Quais filmes foram importantes para você ao longo dos anos? Pense nas experiências memoráveis no cinema e como o cinema fez parte da sua jornada.

1.Qual foi o primeiro filme que você se lembra de ter visto no cinema, e onde foi?

2.Qual ator ou atriz você mais admirava e em que filmes?

3.Qual filme você assistiu mais vezes do que qualquer outro, e por quê?

Amor pela Leitura

Os livros oferecem companhia, sabedoria e uma fuga em diferentes fases da vida. Qual foi o papel dos livros na sua vida? Reflita sobre as histórias e ideias que influenciaram sua forma de pensar ou trouxeram prazer ao longo dos anos.

1.Qual livro teve o maior impacto em como você pensa ou vive?

2.Com qual personagem da literatura você mais se identificou ou admirou?

3.Como você encontrava tempo para ler nos seus anos mais ocupados?

Coleções e Recordações

Reunir itens que têm um significado especial pode se tornar uma paixão ao longo da vida. Você colecionou algo durante sua vida? Reflita sobre as coleções que você criou e as histórias por trás de suas peças favoritas.

1.Quais itens específicos você colecionava, e quando começou?

2.Como você exibia ou guardava sua coleção?

3.Há uma história especial por trás do seu item favorito da coleção?

Atividades ao Ar Livre

Muitas pessoas encontram paz, desafios ou alegria na natureza e em atividades ao ar livre. Quais experiências ao ar livre foram importantes na sua vida? Pense nos cenários naturais e nas atividades que trouxeram realização ou aventura.

1.Qual atividade ao ar livre você mais gostava de fazer?

2.Qual era seu lugar natural favorito para visitar, e por quê?

3.Você pode compartilhar sua experiência ao ar livre mais memorável, seja uma aventura ou um contratempo?

Criando e Fazendo

Trabalhar com as mãos para criar algo novo traz uma satisfação especial. Quais projetos manuais ou trabalhos artesanais você curtiu ao longo da vida? Pense nas habilidades que desenvolveu e na satisfação de criar coisas tangíveis.

1.Qual hobby manual você mais se dedicou a aperfeiçoar?

2.Quais ferramentas eram essenciais para o seu trabalho ou hobby?

3.De qual projeto você mais se orgulha de ter concluído?

A Trilha Sonora dos Seus Dias

A música frequentemente se entrelaça com nossas memórias e experiências mais significativas. Qual foi o papel da música na sua vida? Reflita sobre suas músicas, artistas ou experiências musicais favoritas que marcaram sua jornada.

1.Que tipo de música você ouvia na sua juventude?

2.Você tocava algum instrumento musical? Como você aprendeu?

3.Existe uma música que te lembra de um momento ou memória específica da sua vida?

Esportes e Competição

As atividades esportivas oferecem emoção, comunidade e desafios ao longo da vida. Quais esportes foram significativos na sua experiência? Reflita sobre sua participação como jogador ou fã e os momentos memoráveis.

1.Qual esporte você mais gostava de praticar, e em qual posição jogava?

2.Qual time você apoiava com mais lealdade, e como começou essa paixão?

3.Qual foi o evento esportivo mais emocionante que você presenciou pessoalmente?

Momentos de Paz

Reservar tempo para atividades solitárias proporciona equilíbrio e renovação. Quais passatempos tranquilos você valorizou ao longo da vida? Pense nas maneiras como encontrou inspiração e renovação em momentos de solitude.

1.Qual atividade solitária você achava mais revigorante ou significativa?

2.Qual era seu lugar favorito para ler ou refletir em silêncio?

3.Como você conseguia reservar um tempo para si mesmo durante os anos ocupados com a família?

Aventuras de Viagem

Explorar novos lugares amplia nossa perspectiva e cria memórias duradouras. Quais viagens foram significativas na sua vida? Reflita sobre os destinos, descobertas e experiências que ampliaram seus horizontes.

1.Qual foi sua viagem mais ambiciosa ou cheia de aventuras?

2.Qual lugar que você visitou superou suas expectativas, e como?

3.Qual contratempo ou evento inesperado durante uma viagem se transformou em uma grande história?

10

Sabedoria para o Amanhã

A vida é a maior professora, e cada desafio, erro e conquista deixa lições para guiar o futuro. Compartilhe os aprendizados que acumulou ao longo dos anos e os conselhos e esperanças que deseja passar adiante.

Aprendendo com as Dificuldades

As dificuldades da vida muitas vezes oferecem as oportunidades de aprendizado mais poderosas. Quais erros ou desafios te ensinaram lições importantes? Reflita sobre experiências que foram difíceis, mas que, no final, levaram ao crescimento e à compreensão.

1.Qual decisão você mais gostaria de tomar novamente, e por quê?

2.Qual mau hábito demorou mais para você superar?

3.Houve algum erro ou julgamento equivocado que te ensinou uma valiosa lição de vida?

Pequenos Prazeres

A verdadeira satisfação muitas vezes vem de apreciar as alegrias simples do dia a dia. Quais pequenos prazeres trouxeram felicidade para você? Pense nas pequenas coisas que enriqueceram sua experiência diária.

1.Qual pequeno prazer você valoriza mais agora do que quando era jovem?

2.Qual é o seu lugar favorito para desfrutar momentos de tranquilidade?

3.Como você desacelerava a correria da vida para apreciar as pequenas alegrias?

Conselhos para o Futuro

Compartilhar a sabedoria adquirida com a experiência é um presente precioso para as gerações mais jovens. Que orientações você mais gostaria de passar para quem vier depois de você? Considere os aprendizados e perspectivas que poderiam beneficiar seus netos e outros entes queridos.

1.Quais três conselhos você gostaria que seus netos nunca esquecessem?

2.Qual erro você espera especificamente que seus netos evitem?

3.Que conselho você daria para ajudar seus netos a encontrarem o próprio caminho na vida?

Herança Familiar

Cada pessoa serve como um elo entre as gerações passadas e futuras. Como você preservou histórias e tradições importantes da família? Pense na história significativa que deseja que seus entes queridos lembrem e levem adiante.

1.Como você documentou ou registrou memórias e histórias importantes da família?

2.Qual ancestral você gostaria que seus descendentes conhecessem, e por quê?

3.Quais itens físicos ou relíquias ajudam a contar a história da nossa família?

Redefinindo o Sucesso

A verdadeira realização muitas vezes é diferente das medidas convencionais de status ou riqueza. Como sua percepção do que torna a vida satisfatória evoluiu ao longo do tempo? Reflita sobre o que trouxe satisfação genuína além do sucesso material.

1.Como sua definição de sucesso mudou ao longo da vida?

2.Qual conquista trouxe a você a satisfação mais genuína?

3.Quais hábitos ou práticas diárias trouxeram o maior senso de propósito para sua vida?

Esperanças para as Gerações Futuras

Os sonhos que temos para aqueles que seguirão nossos passos refletem nossos valores mais profundos. Quais aspirações você tem para o futuro da sua família? Reflita sobre as qualidades que espera que enriqueçam a vida de seus netos e de familiares que ainda estão por vir.

1. Qual realização específica você espera ver na geração dos seus netos?

2. Qual traço ou força da família você mais gostaria que continuasse?

3. Há alguma aventura ou experiência específica que você espera que as futuras gerações aproveitem?

Mais Histórias para Guardar

Todo pai ou avô carrega um tesouro de memórias esperando para ser compartilhado. Nossos lindos livros de recordações ajudam a capturar essas histórias preciosas antes que se percam com o tempo.

Nossa Série de Histórias em Família

| História do Pai | História da Mãe | História do Vovô | História da Vovó |

Disponível em:

- Amazon

- Principais livrarias online

Dê um presente que se torna mais valioso com o tempo – porque a história de cada membro da família merece ser contada, compartilhada e guardada.

www.ingramcontent.com/pod-product-compliance
Lightning Source LLC
Chambersburg PA
CBHW051328120626
46547CB00015B/2442